DE LA
LIBERTÉ DE LA PRESSE.

En quoi consiste, et jusqu'où peut s'étendre la Liberté de la Presse dans un gouvernement représentatif?

Galliæ et Europæ communis Erynnis.

Par M. l'Abbé JARRY,

Ancien Vicaire général d'Auxerre, etc.

A PARIS,

Chez
LENORMAND, fils, rue de Seine.
DENTU, rue des Petits-Augustins.
Adrien LECLERE, quai des Augustins.

1819.

On s'étoit proposé de distribuer ce petit écrit aux membres des deux chambres, au moment de la discussion de la loi sur la Liberté de la Presse. Quoique cette intention n'ait pu être remplie, on a pensé qu'il ne seroit pas inutile de le publier. Ceux qui cherchent la vérité de bonne foi, trouveront peut-être que l'importante question de la Liberté de la Presse, en matière de religion, est présentée ici sous un point de vue qui en rend la solution plus facile. Au reste, si on n'a point réussi à y répandre de nouvelles lumières, on aura du moins rempli un devoir. Un de nos anciens Evêques disoit, au sujet d'une loi barbare et impie : « Verè
» hoc *non est lex, sed nex,* quæ maximè proptereà
» contemnenda est, quia ab illis excogitata est,
» qui non solum non orabant, sed etiam blasphe-
« mabant sapientiam Dei. »

S. Agobard. cont. leg. Gundobadi.

En quoi consiste, et jusqu'où peut s'étendre la Liberté de la Presse dans un Gouvernement représentatif?

ON nous donne, comme un principe incontestable, que la liberté de la presse est tellement nécessaire, tellement essentielle, dans le gouvernement représentatif, que sans elle, il ne peut atteindre son but, ni les peuples jouir de la plénitude de leurs droits.

Si l'on veut me permettre d'examiner ce principe, proclamé et reçu avec tant de confiance, je me flatte de prouver qu'il est faux en lui-même, démenti par l'expérience : que dans le sens étendu qu'on lui donne, il est contraire à toute bonne police, et funeste à la société ; qu'ainsi le gouvernement représentatif ne peut l'admettre sans le modifier et le restreindre. Enfin, je ferai voir que la Charte y a mis des modifications et des restrictions suffisantes pour nous autoriser à demander une loi précise et sévère contre les outrages à la religion.

Et d'abord pour fixer nos idées, et ne point nous perdre dans le vague, rappelons-nous ce qu'est la monarchie constitutionnelle. Elle diffère de la monarchie pure, en ce que la puissance royale y est limitée et circonscrite par le pouvoir aristocratique et populaire. Le monarque n'y peut faire de lois ni lever d'impôts sans le concours des corps délibérans, avec lesquels il partage la puissance législative. C'est-là ce qui distingue proprement le gouvernement représentatif. Tout le reste est indifférent et arbitraire. Or, on conçoit à merveille un Roi et deux Chambres, occupés des soins de l'état, ordonnant de concert tout ce qui peut le rendre heureux et florissant : le peuple parfaitement libre sous ce régime, lors même qu'il n'y auroit pas dans le pays une seule imprimerie. Et n'est-ce pas ce qu'on voyoit de temps immémorial en Angleterre, avant la découverte, heureuse ou funeste, de Guttemberg. Depuis même, il s'écoula près de deux siècles, sans qu'on y soupçonnât cette connexion intime, cette grande affinité de la liberté illimitée

de la presse avec le système constitutionnel.
Henri VIII et Elisabeth n'étoient guère
d'humeur à recevoir les mercuriales cha-
grines d'un auteur famélique et d'un répé-
titeur de collége. Ils envoyoient leurs ordres
aux parlemens, et ces parlemens si fiers
donnoient aussitôt à ces ordres les formes
constitutionnelles. On me répondra que
Henri VIII et Elisabeth étoient despostes.
Cela peut être. Qu'en doit-on conclure ?
Qu'une chambre haute, où siégent les
grands de l'état ; qu'une chambre des com-
munes, qui réunit les élus du peuple ; en
un mot, que ce magnifique appareil qu'on
nomme constitution et gouvernement représentatif, n'est qu'*une toile d'araignée*,
quand il se rencontre sur le trône un prince
violent ou une femme absolue.

En 1645, l'époque est fort remarquable,
l'Angleterre étoit alors en travail de cette
liberté qui enfante les républiques, et
dresse des échaffauds pour les bons rois ;
en 1645, la presse étoit encore en tutelle.
Nous avons la réclamation énergique adres-
sée alors au parlement, pour en obtenir
l'émancipation. L'avocat de la liberté de la
presse étoit Milton, sans contredit le plus
grand poëte de l'Angleterre. Mais qu'est-ce

que le génie sans la vertu? Ce grand poëte
fut le plus vil esclave et le plus mauvais
citoyen. Le philosophe Sénèque avoit prêté
sa plume à Néron pour justifier son parri-
cide. Le régicide trouva un apologiste dans
le sublime chantre d'Eden. Cromwel, dont
il fut depuis le secrétaire, entendoit trop
bien l'art de gouverner pour abolir la censure. J'en demande bien pardon à M. Fiévée:
la liberté de la presse ne date en Angleterre que de l'expulsion des Stuarts, dont
elle consomma la ruine: Les libelles leur
nuisirent plus que les armes. M. Scheridan
disoit, il y a quelques années, en plein
parlement : *A cette époque, la majorité
de la nation étoit jacobite. La noblesse,
les propriétaires de terre étoient jacobites.
Leur haine contre le roi Guillaume étoit
très-prononcée, et plusieurs d'entre eux
périrent sur l'échafaud.* Ainsi se fit, contre
la volonté de la nation anglaise, cette révolution, que l'on nous vante sans cesse
comme une révolution nationale.

Que l'on nous dise franchement et sans
détour : la liberté de la presse existe en
Angleterre ; et nous la voulons, parce que
nous avons fait vœu de copier en tout
l'Angleterre ; parce que nous avons résolu

de lui emprunter ses institutions, ses lois, ses mœurs, et jusqu'à la manière d'apprendre à lire à nos enfans : je me rends de bonne grâce à cet argument invincible, tout en admirant une humilité si édifiante. Mais lorsqu'on affecte de prendre les choses de plus haut, et qu'on veut nous forcer de croire qu'il est dans l'essence de tout gouvernement représentatif que la presse y soit libre de toute entrave, je prie de me donner des raisons et des preuves concluantes. Jusqu'ici on ne s'est point mis en devoir de nous en fournir. Pour qui se paye de grands mots et de phrases sonores, la liberté de la presse est le *Palladium* de tous les droits, de toutes les garanties constitutionnelles. Si les journalistes, et tous ceux à qui il passe par la tête de brouiller du papier, ne sont pas dans une entière indépendance, celle de chaque citoyen est compromise, et l'état menacé de sa ruine. Au contraire, il se raffermit et prospère à mesure que l'opinion publique, dont la presse est le fidèle organe, exerce sa toute puissance salutaire, et sur les Ministres qu'elle éclaire, surveille et dénonce, et sur le peuple qu'elle tient sans cesse éveillé sur ses droits, qu'elle appelle à toutes les discussions politiques , où , comme chacun sait , il apporte une raison si calme , de si hautes connoissances , et dont il recueille en définitif de si prodigieux avantages.

Si cette belle théorie étoit mieux fondée , je craindrois qu'on n'en prit acte contre le gouvernement représentatif. Où est en effet son excellence intrinsèque , s'il ne peut se soutenir par sa propre force ; s'il ne peut point marcher seul , ni se contenir dans les bornes prescrites , sans une réaction continuelle de la part du peuple ? Qu'est-ce qu'une constitution dont on nous présente les élémens en éternelle discorde ? tendant sans cesse à s'entre détruire ; et qui toujours menacée par ses gardiens et ses tuteurs naturels , n'échappe à leurs attaques qu'à l'aide d'une armée de sentinelles (nécessairement incorruptibles , car si elles ne l'étoient pas , tout seroit perdu sans ressource) , qui n'ont d'autre emploi que de sonner l'allarme , et de tenir les gouvernans et les gouvernés dans un état habituel d'anxiété et de crainte ? Il s'ensuivroit de cette théorie que la méfiance est le principe du gouvernement représentatif , et , comme le disent ingénieusement nos docteurs , une révolution permanente et régulière. Pour moi, qui suis convaincu que l'homme est né pour aimer sa patrie et son prince, et pour vivre en repos, je me fais une meilleure idée du gouvernement qu'on nous a donné. J'estime qu'on y peut trouver en même-temps des Chambres et des Ministres, également animés de l'amour du bien public, et remplissant leurs devoirs respectifs par principe de conscience. Quant aux abus, pour en obtenir la réforme, je m'en rapporte plus au zèle éclairé et aux connoissances positives des Pairs et des Députés, qu'à cette foule de législateurs sans mission, de publicistes de hasard, qui ont fait leur cours de politique dans Jean-Jacques et dans Raynal; qui interrogent l'esprit public dans les cafés ou aux théâtres des boulevards. Vous les entendez exalter, préconiser à l'envi le dogme de l'indépendance de la presse. C'est le seul qui soit sacré pour eux : ils combattent pour le maintenir et l'accréditer, *tanquam pro aris et focis*, et tout le secret de ce beau zèle, est qu'ils vivent de cette anarchie, qui leur donne, pour quelques jours, une sorte d'existence. Sans elle, que de noms, qui ont de la vogue, seroient aussi inconnus des contemporains qu'ils le seront dans quelques années. Il est tout naturel qu'ils cherchent à tenir ouverte une mine qu'ils exploitent à leur profit, aux dépens de qui il appartiendra. Professeurs imberbes ou vétérans de la révolution, ils ont soin d'égayer leur galimatias métaphisique de sarcasmes contre la religion, contre la légitimité et les royalistes. Ils se mettent effrontément au lieu et place de la nation; et à force de pamphlets et de libelles, à force de mensonges journaliers et de calomnies périodiques et semi-périodiques, ils créent des chimères qui effrayent le pauvre peuple et font illusion au gouvernement; de sorte que le système constitutionnel qui nous affranchit, dit-on, du pouvoir absolu, nous place réellement sous le despotisme d'une petite coterie de soi-disant gens de lettres, qui de leur autorité privée, se constituent à Paris le pouvoir régulateur de l'opinion, les oracles de la France, et qui, avec patente ou sans patente, nous vendent jour par jour leur bile et leurs lumières. Peuple séditieux et plus indisciplinable que le peuple même qu'il excite à la révolte : vrai fléau de la littérature ainsi que de la société, qui traite la langue et le goût comme la politique : qui

pervertit toutes les idées saines en législation et en morale : fait métier d'attiser les
haînes et d'échauffer les partis ; parce que
c'est à la faveur des partis , qu'on fait sans
esprit et sans études des brochures qui se
vendent ; et que les plus misérables brochures , lorsqu'elles flattent les gens en
faveur, procurent des emplois élevés et
lucratifs. Dans la décadence de l'Empire ,
on vit de même quelques rhéteurs revêtus
de grandes charges. Ils trouvoient , ainsi
que nos heureux contemporains , que la
civilisation s'étoit merveilleusement perfec-
tionnée , et que c'eût été retrograder vers
la barbarie que de reléguer les pédans dans
la poussière de l'école , pour mettre à la
tête des affaires des Fabricius et des Catons.

Le droit de publier sa pensée , cet attri-
but inséparable du gouvernement représentatif , dont pourtant jouit si tard le pays
qui , suivant le jargon moderne, est la terre
classique de la liberté , *libertas quæ sera
tamen respexit inertes* ; cet inapréciable
privilége , nous fut généreusement garanti
en 1789. La liberté de la presse figure
pompeusement dans la déclaration des
droits de l'homme. Il est en effet aussi clair
que le jour, que cette bonne nature, qui nous

crée tous libres , égaux et souverains , par-
là même nous crée tous beaux esprits : car
c'est ainsi qu'il faut traduire le droit de
publier sa pensée ; droit qui , comme de
raison , est , ainsi que tous les autres droits
naturels , inaliénable et imprescriptible.

Rendons ici hommage à l'assemblée cons-
tituante. Fidèle en ce seul point à ses maximes et à ses promesses , elle laissa à la
presse une pleine et entière liberté ; et on
en usa amplement. On l'attaquoit sans re-
lâche et de toutes les manières. On se mo-
quoit de ses décrets ; on étaloit tous ses
crimes ; on versoit le ridicule à pleines mains
sur ses coryphées , et en même-temps on
révéloit la turpitude de leur vie. Elle laissoit tout dire et tout imprimer , assez satis-
faite de ce qu'on la laissoit agir. Il est
constant que , malgré ses manœuvres et ses
artifices , elle n'avoit pas dans son parti la
centième partie de la nation ; et assurément
ce n'étoit point la portion la plus recom-
mandable par ses lumières et ses mœurs.
L'opinion qui attaquoit l'assemblée rebelle
étoit donc une opinion nationale , s'il en fut
jamais , et d'autant plus imposante qu'elle
étoit fondée sur la vérité et la justice. Si
donc la liberté de tout imprimer étoit la

sauve-garde d'une nation, de son indépendance et de ses lois, la funeste assemblée auroit promptement succombé. Qu'arriva-t-il cependant ? en dépit de cette multitude d'écrits lumineux et de philippiques véhémentes qui dévoiloient journellement ses injustices, ses envahissemens et ses folies ; en dépit de cette *reine du monde*, déployant tout son empire, par le moyen de la presse indépendante, la faction portoit atteinte à tous les droits, à la monarchie, à la religion, à la liberté publique et individuelle. Proscriptions, pillages, confiscations, emprisonnemens, elle osa tout contre les citoyens, contre les premiers ordres de l'état, et contre le Roi lui-même, qu'elle traîna deux fois captif dans sa capitale. La féroce convention vint peu après achever son ouvrage ; et le 21 Janvier nous apprit jusqu'où la liberté de la presse peut pousser la rage d'une poignée de scélérats, et frapper de terreur tout un peuple. O l'étrange palladium pour la monarchie constitutionnelle ; qui prépara et précipita la chûte de notre antique monarchie ! En politique comme en physique, les mêmes causes produisent toujours les mêmes effets. Aussi vous avez vu quel effroi s'est manifesté à ce

débordement de mauvais livres , que vomit
la presse , surtout depuis deux ans. Les
pères de famille , les instituteurs chrétiens ,
les esprits sages, les gens honnêtes de toutes
les opinions ; je peux le dire , la France entière a témoigné hautement son indignation
et ses vives allarmes. Et comment ne seroit-
t-elle pas allarmée ? Les ennemis de la religion et de la légitimité sont les premiers à
nous dire que les doctrines seules font les
révolutions. Ils se glorifient de ce que celle
qui finit à peine , *fut le résultat nécessaire
des doctrines ,* semées dans les ouvrages
qu'on réimprime, et qu'on répand, avec tant
d'ardeur, dans le royaume. Qui ne voit pas
du premier coup-d'œil où tendent ces cri-
minelles entreprises ? Des doctrines qui ,
moins répandues il y a vingt-huit ans , eurent
pourtant assez de force pour renverser un édifice de quatorze siècles, ont-elles changé de
nature ? sont-elles moins puissantes et moins
meurtrières ? ou la monarchie constitutionnelle, qui ne fait que de naître, est-elle plus
robuste et mieux affermie que l'ancienne ?
L'instrument trop efficace de la destruction
de celle-ci, va-t-il, par un miracle, se trans-
former pour l'autre en un moyen de restauration ?

Vous voulez donc, me dira-t-on, rétablir l'inquisition de la censure, enchaîner encore la pensée, et nous priver du plus beau de nos droits, que nous tenons de la Charte, si nous ne le tenons point de la nature. Ce n'est point là mon intention. La Charte est la loi de l'état; et je demande, avec tous les royalistes, qu'elle soit ponctuellement observée. Je lis dans la Charte : « Les Fran-« çais ont le droit de publier et de faire « imprimer leurs opinions, en se confor-« mant aux lois qui doivent réprimer les « abus de cette liberté. » (Art. 8.). De quelles opinions sagit-il ici ? C'est sur quoi on pourroit peut-être incidenter ; si le titre même du chapitre ne levoit pas toute équi-voque. Il porte : *Des droits publics des Français.* La Charte qui a changé l'ancienne constitution du royaume, en partageant la puissance législative entre le monarque, la chambre des Pairs, et la chambre des Dé-putés, autorise donc tous les individus à user, quand bon leur semble, de la voie de la presse pour proposer leurs plans et leurs vues, en matière de législation et d'adminis-tration : ils peuvent donc dénoncer les abus qui subsistent, ou qu'ils croient apercevoir; censurer la marche et le système du ministère, vaste champ et assez fertile pour occuper le saint zèle qui dévore nos écrivains. La Charte, en exposant *les droits publics des Français,* n'a pu leur donner que ce qui étoit au pouvoir du législateur, c'est-à-dire, la liberté d'émettre leurs opinions, touchant les objets purement civils et politiques. Il a bien voulu soumettre au contrôle du premier venu la conduite des ministres et de tous les agens du gouvernement, et permettre à chacun de proposer ses idées particulières sur la réforme des lois, la répartition des impôts, l'agriculture, le commerce, etc ; en quoi la Charte a fait largement sa part à l'esprit du siècle qui devroit en être content, si un siècle éclairé, qui croit à une perfectibilité indéfinie, pouvoit jamais l'être.

Certes ce seroit un étrange abus des termes, ou plutôt une insulte au bon sens et au genre humain, que de ranger les vérités éternelles parmi les *opinions* abandonnées à nos disputes et à nos recherches. Il n'est permis à aucun être, doué de quelque raison, de révoquer en doute ces vérités premières, que nous n'avons point eu besoin d'apprendre, et que nous ne pouvons jamais oublier, parce que nous les apportons en

naissant gravées au fond de notre âme.
Elles ont formé la croyance commune des
hommes, depuis qu'il y en a sur la terre;
et il est aussi vrai aujourd'hui que du temps
de Cicéron, que le sentiment unanime du
genre humain est le jugement irrévocable
de la nature elle-même. Quelle idée pour-
roit-on avoir d'un législateur qui, sous pré-
texte de la liberté des opinions, autoriseroit
ses sujets à appeler à leur propre tribunal
du jugement de la nature? qui prétendroit
leur accorder le droit de mettre en question
la providence éternelle, l'immortalité de
l'âme, la distinction du bien et du mal, etc.
Ce monstrueux délire a signalé la fin du
dix-huitième siècle. Nous en connoissons
les résultats : le genre humain tout entier
s'est soulevé contre cet attentat jusqu'alors
inoui dans les annales du monde, et qu'assurément aucun roi du sang de Charlemagne
et de Saint Louis ne renouvellera jamais.
On prétendroit vainement qu'on réprimera
par des lois l'abus de cette liberté. L'abus
d'une chose en suppose l'usage légitime.
Or, je vous prie, que peut-il y avoir d'in-
nocent et de légitime dans des opinions ré-
prouvées par la droite raison et par le genre
humain? Qu'on trouve dans ce siècle de lu-

mières, ce que Labruyère croyoit impossible dans le sien , des êtres assez abrutis pour nier l'existence de Dieu et toutes les vérités qui en découlent ; le magistrat n'a pas le droit de descendre dans le fond de leur conscience et de l'interroger. Mais il a le droit incontestable ; mais il est de son devoir de les contraindre à y renfermer leurs horribles secrets ; parce que leur manifestation , surtout quand la presse leur donne de la publicité et de la durée , est un attentat à l'ordre social. Il y a cette différence entre les crimes ordinaires et les délits de la presse, que, pour prévenir les premiers , la loi n'a que les menaces et l'appareil des supplices. Il n'en est pas ainsi des autres : outre qu'ils sont prémédités et mûris par la réflexion , ils ne peuvent être consommés qu'à l'aide d'une machine et de bras étrangers que le magistrat peut arrêter. Il ne peut punir le vol et l'assassinat qu'après qu'ils ont été commis. Il peut presque toujours empêcher l'impression et la vente d'un livre. Dans le premier cas, il est réduit à venger la société en punissant les coupables dont il ne pouvoit ni deviner la pensée , ni enchaîner la main. Il lui est facile au contraire d'empêcher la publica-

tion

tion d'un livre ; et quand ce livre est pernicieux, tout le mal qu'il cause est son propre ouvrage.

Quelque origine qu'on se plaise à donner à la société, tout le monde est d'accord que l'autorité souveraine n'est confiée à un ou plusieurs chefs, que dans l'intérêt spécial de la société. Or il est d'expérience que, sans la croyance d'un Dieu rémunérateur de la vertu et vengeur du crime, sans une religion qui entretienne et fortifie cette croyance salutaire par l'exercice d'un culte public, il ne peut y avoir ni notion de justice, ni règle de mœurs, ni bonne foi, ni concorde, ni affection entre les hommes. *Vous bâtiriez plutôt une ville dans l'air*, a dit le grave Plutarque, ou plutôt la vérité par sa bouche, *que de fonder un état sans la crainte des dieux* : donc inspirer le mépris de la divinité et de la religion, dans un état déjà formé, c'est évidemment travailler à le détruire, puisque la religion est la première et l'indispensable condition de toute société. Donc encore les gouvernemens, chargés de pourvoir à sa conservation, doivent nécessairement empêcher l'impiété de s'y introduire ; la réprimer et la punir, quand une fois introduite, elle tend à y exercer ses ravages. Voltaire, dans

2

un de ses momens lucides , nous dit que si
« le monde étoit gouverné par des athées ,
« il vaudroit autant être sous l'empire im-
« médiat de ces êtres infernaux, qu'on nous
« peint acharnés contre leurs victimes. »(1).
Le malheureux vieillard prophétisoit, sans
le savoir, l'état dans le quel ses funestes
écrits devoient bientôt nous plonger : *Ha-
bemus confitentem reum.* L'impiété, de l'aveu
même de l'impie , est donc la ruine de la
société. Or , détruire le christianisme chez
un peuple élevé et nourri dans cette religion, c'est le précipiter inévitablement dans
cet athéisme monstrueux qui révoltoit Voltaire lui-même (2). Les payens, qui rejetoient
l'évangile, étoient mus par un principe d'at-
tachement pour leur religion , qui , malgré
l'extravagance de son culte , conservoit encore les traditions primitives du genre humain. Ils regardoient la piété comme le
premier devoir de l'homme , et attendoient,
dans une autre vie , des peines et des récom-
penses éternelles. (3).

____

(1) Homélie sur l'Athéisme.

(2) *Voyez* l'Encyclopédie , art. *Unitaires.*

(3) Continuò sontes ultrix accincta flagello
Tisiphone quatit insultans . . . .
Vidi et crudeles dantem Salmonea pœnas.

La philosophie moderne n'a rien mis, elle ne peut rien mettre en place du christianisme. Elle ne se borne point à renverser une religion particulière, quoique sa haîne soit principalement dirigée contre l'église catholique. Elle sappe, elle anéantit tout principe religieux, et elle n'existe que pour détruire. C'est, comme Bayle l'a fort bien dit, une poudre corrosive, qui carie les os, après avoir rongé les chairs. De sorte qu'en faisant perdre la foi aux chrétiens, elle les réduit à un état pire que celui des idolâtres ; pire que celui du sauvage : car, au bruit du tonnerre, le sauvage tremble devant une puissance suprême et invisible, et il enterre des flèches avec les morts, parce qu'il les croit vivans dans un autre monde.

Quelle étrange révolution d'idées et de sentimens ne doit-il pas s'opérer dans l'esprit d'un peuple chrétien, lorsqu'on lui dit que l'imposture a forgé la religion qu'il

---

Hic quibus invisi fratres, dùm vita manebat,
Pulsatusve parens. . . . quique arma secuti
Impia, nec veriti dominorum fallere dextras.
Vendidit hic auro patriam, dominumque potentem.
Imposuit ; fixit leges pretio atque refixit.
Phlegias magnâ testatur voce per umbras :
Discite justitiam moniti, et non temnere divos.
Æneid. lib. VI.

croyoit l'ouvrage et le bienfait du ciel? Dès qu'on lui persuade que l'auteur de cette religion qu'il adoroit, n'est point Dieu, il en conclut qu'il n'y en a point d'autre; ou, si le spectacle de l'univers, la voix intérieure et les principes qu'il a reçus dans son enfance ne lui permettent pas d'être tout-à-fait athée, il se figure, sur la parole des impies, et par l'instinct des passions, une divinité oisive, indifférente à tout ce qui se passe sur la terre, contemplant du même œil le crime et la vertu; abandonnant le monde au hasard des événemens, et les hommes à la fougue de leurs penchans effrénés. Ses remords lui font désirer que tout meure avec lui, et que le tombeau soit le terme de son existence. La croyance d'une seconde vie, ce puissant ressort de la morale, s'affoiblit et s'éteint parmi ce peuple. De-là naît inévitablement un athéisme pratique et brutal, qui rend les hommes ennemis des lois, envieux les uns des autres, toujours prêts à s'entre nuire pour assouvir leur cupidité. Maintenant essayez un peu de les rendre bons, dociles, laborieux, tempérans, équitables. Quoi! ils ne cédoient qu'en frémissant à la loi d'un Dieu, témoin inévitable de leurs plus secrettes pensées,

et qui devoit un jour leur demander un
compte redoutable de toutes leurs actions,
et vous espérez qu'ils obéiront à vos froids
préceptes ! Sublimes philosophes que vous
êtes ! faut-il donc vous apprendre que toute
la morale d'un peuple est dans sa religion,
et qu'il ne peut point en avoir d'autre. En
lui ôtant la foi, vous lui avez tout ôté,
principes, conscience, remords. Vous avez
rompu les seuls liens capables de l'attacher
et de le contenir. Vous n'avez plus de prise
sur ces âmes farouches et indomptables,
éternellement agitées par des passions vio-
lentes, et tourmentées du besoin de les satisfaire. Est-ce avec votre pacte social, avec
votre souveraineté du peuple que vous persuaderez à des misérables, condamnés au
travail et à la peine, auxquels vous avez encore la sagesse de répéter qu'ils sont nés
pour le plaisir, qu'ils ont droit à tous les
biens de la nature ? Est-ce avec votre absurde
logomachie, que vous leur persuaderez, dis-
je, qu'ils doivent, pour un modique salaire,
servir le riche impitoyable et dédaigneux,
qui nage dans l'abondance ; et qu'ils doivent
s'épuiser de fatigues pour nourrir son luxe
et sa molesse ? Quelle idée peuvent-ils attacher aux mots de justice et de devoir,

quand toute votre morale se réduit à l'intérêt personnel? Quel autre intérêt peuvent
avoir des malheureux, qui manquent du
nécessaire, ou ne se le procurent qu'à la
sueur du leur front, que de renverser un
ordre de choses si désespérant et de se pro-
curer, à tout prix, les jouissances de cette
vie fugitive, au-delà de la quelle ils n'ont
plus rien à espérer ni à craindre?

Voici ce que leur enseigne un de ces philosophes, dont on vient de réimprimer les
ouvrages, (Helvétius) : « Le principe de
« la morale est l'amour de soi ; les auteurs
« de toute justice sont la sensibilité physique
« et l'intérêt personnel. La vertu est un vain
« nom. On est nécessairement l'ennemi des
« hommes, lorsqu'on ne peut être heureux
« que par leur infortune. La loi qui dé-
« pouille du nécessaire les pauvres, pour
« augmenter le superflu de quelques riches,
« est une loi injuste. Il faut donc rompre
« avec l'injustice. Il n'y a plus de traité où
« l'avantage cesse d'être réciproque. *Il faut
« ravir à nos oppresseurs les biens qu'ils
« nous ont ravis.* » Cela est-il assez clair ?
Aussi allez à nos cours d'assises, feuilletez
les greffes de nos tribunaux criminels, et
vous aurez la preuve que le peuple com-

prend à merveille le cathéchisme des philosophes, et qu'il sait profiter de leurs leçons. Et ce n'est-là que le commencement. La religion, toute abattue, toute épuisée qu'elle est, lutte cependant encore avec succès contre ces mauvais principes; et, dans son agonie, elle protège encore les propriétés, et la vie des ingrats qui la calomnient et travaillent à l'anéantir. Qui les garantira, quand elle ne sera plus ? Armera-t'on la moitié de la nation pour défendre l'autre ? Mais cette autre moitié sera-t-elle moins dépravée ? la même doctrine ne la portera-t-elle pas aux mêmes excès ? Un ancien l'a dit: Les lois sont sans force où il n'y a plus de mœurs. Or, le peuple n'a de mœurs, qu'autant qu'il respecte sa religion. Un peuple irréligieux, par principes, est donc nécessairement un peuple sans morale. Votre code pénal, vos lois répressives, qu'il est si facile d'éluder, suppléeront-ils cette loi de l'évangile, qui commande à la conscience, et y étouffe jusqu'au désir de mal faire. Insensés ! après avoir irrité des lions affamés, vous leur ôtez leurs chaînes; et vous êtes surpris qu'ils vous dévorent !

Je disois que toute la morale du peuple est dans sa religion; et dût en être choqué un certain monde, j'ajoute, qu'en ce point, tous les hommes se ressemblent, et sont peuple. J'en appelle à la bonne foi des incrédules de tous les rangs. Plus on est favorisé des dons de la nature et de la fortune, plus on a de moyens d'abuser, et plus le cœur s'irrite contre les règles sévères qui gênent nos désirs. On veut mettre ses passions au large : l'évangile ordonne de les combattre et de les réprimer ; il n'en faut pas davantage pour haïr l'évangile et déserter le christianisme.

Montesquieu convient que *la religion, même fausse, est le meilleur garant que les hommes puissent avoir de la probité des hommes*. La société est donc intéressée à trouver cette caution, surtout dans les classes supérieures, qui, à raison de leur fortune, de leurs emplois et de l'influence qu'elles exercent sur la masse du peuple, sont la principale force de l'état. C'est dans leur sein qu'on choisit les ministres, les magistrats, les administrateurs, en un mot tous ceux qui doivent faire exécuter les lois : il est donc souverainement important que le prince et la patrie soient assurés de leur probité. Or ils n'offrent plus de garantie, quand ils abjurent leur religion. Les mœurs des classes élevées forment toujours à la longue les mœurs publiques. Lors même que le peuple se déchaîne contre elles, et leur porte envie, il cherche sans cesse à s'en rapprocher, en les imitant. Le peuple vivroit encore aujourd'hui dans l'antique et heureuse simplicité de la foi, si les grands n'avoient pas appelé, favorisé et mis en honneur la philosophie qui devoit les écraser : s'ils n'avoient pas professé hautement ses maximes, et affiché un mépris ouvert pour la religion, la vertu et toutes les bienséances. On peut leur reprocher, avec trop de raison, tous les désordres et tous les maux que l'impiété a produits. Ainsi, sous quelque point de vue qu'on envisage la philosophie anti-chrétienne, elle se montre partout essentiellement anti-sociale ; puisque partout elle corrompt la morale, et laisse les hommes sans guide sûr, sans règle solide et invariable de leurs devoirs. Il n'y a aucune distinction à faire entre le simple peuple et les gens bien élevés. Quelque rang qu'ils occupent, quelques lumières qu'ils puissent avoir d'ailleurs, la haîne du christianisme, qui leur est commune avec le peuple, a une même source ; elle établit entre eux une parfaite égalité, sous le rapport de la morale. La différence de leurs positions met seule de la différence entre leur conduite extérieure. On ne doit pas tenir grand compte aux classes supérieures de ne point se souiller de ces crimes odieux que punissent les lois. Rarement leur intérêt les y porte. Mais sur tout le reste, une fois qu'on a secoué le joug de la religion, ont-elles d'autre mobile, d'autre règle que leur intérêt ? Cette religion si utile, si nécessaire pour contenir le peuple, l'est donc encore davantage pour contenir ceux que leur rang met souvent au-dessus des lois, qui bravent impunément l'opinion publique, et ne sont point arrêtés par mille considérations, qui servent de frein à la multitude.

Allons plus avant : aujourd'hui en France, attaquer le christianisme, c'est violer une de nos lois fondamentales. La Charte énonce un fait notoire, lorsqu'elle déclare religion de l'état, celle qui est et qui a été professée de tous temps par nos rois et par la nation. On dit qu'il y a dans le royaume vingt-neuf millions d'habitans, dont vingt-quatre, au moins, sont catholiques ; les cinq autres sont calvinistes, ou de la confession d'Ausbourg : tous les français sont donc chrétiens.

La Charte promet une protection égale à leurs cultes. Le premier effet de cette protection doit être nécessairement de veiller à leur existence et à leur conservation. Ne seroit-ce pas une dérision cruelle de la part d'un gouvernement qui diroit aux ci-toyens : Je vous promets à tous une pro-tection égale ; je vous garantis la liberté et tous vos droits ; mais je laisserai votre vie à la merci du premier venu : je tolérerai les brigands, à qui il prendra fantaisie de vous attaquer avec le fer et le feu , et de s'introduire dans vos habitations pour em-poisonner vos puits et vos alimens. La liberté est une fort belle chose sans doute : toute fois, pour en jouir, la première condition est de vivre , et de vivre en sûreté. Qu'en-tend-on par protéger la religion ? Est-ce simplement d'empêcher qu'on ne trouble ses ministres , dans l'exercice des fonctions qu'ils remplissent dans nos temples ? C'est, à ce qu'il semble , la moindre chose que nous devions attendre de la protection pro-mise par la Charte. Il faut , avant tout et par-dessus tout , que la religion , dont le culte n'est que l'expression extérieure, sub-siste elle-même , et qu'elle soit à l'abri des violences et des atteintes de ses ennemis.

Cependant, au mépris de la Charte, la religion de l'état, cette religion plus ancienne que la monarchie, et *qui a tant travaillé à l'affermissement du trône*, est aujourd'hui plus en butte que jamais à la persécution d'une secte assez connue, qui suit avec persévérance les projets de son infâme fondateur. On attaque la religion dans ses mystères, dans ses dogmes, dans ses lois, dans ses rites. On signale à la haîne, on voue au mépris de la multitude les ministres qui l'enseignent. On calomnie leurs vues, on leur prête les plus absurdes projets, on dénature, on dénigre leurs plus belles actions, jusqu'à leur faire un crime de continuer l'œuvre apostolique, et d'aller, de province en province, distribuer la divine parole à un malheureux peuple qui en est affamé. La religion de l'état, la la liberté, la protection qui lui est promise, sont-elles donc des mots vides de sens dans la Charte? Vingt-quatre millions de citoyens ne doivent-ils donc être comptés pour rien? Quoi! nous avons le droit de faire respecter nos cérémonies, et nous n'aurons pas celui de faire respecter notre foi! la foi qui est le premier bien, l'unique trésor du chrétien; le principe de toutes ses vertus, le gage de toutes ses espérances : notre première et suprême loi, à laquelle nous devons sacrifier notre fortune, notre liberté et notre vie. Les luthériens et les calvinistes en ont la même idée que nous ; et dans la guerre déclarée au christianisme, ils doivent faire cause commune avec les catholiques, s'ils sont encore chrétiens.

Nous demandons, la Charte à la main, qu'on nous fasse jouir de la liberté et de la protection qu'elle nous a garanties. Cette protection, conformément aux intentions du Roi, doit être active et efficace ; et elle ne peut le devenir, qu'autant que les lois mettront la religion à couvert des attaques journalières et des outrages continuels qu'elle reçoit. Nous fait-on le moindre tort, les tribunaux accueillent nos plaintes, et nous rendent justice. On punit le vagabond qui brise mes vîtres, dérobe mon mouchoir ou me dit des injures ; et la majesté divine est blasphémée, la religion de l'état profanée, calomniée, avilie, persécutée à outrance; et les lois se taisent, et les magistrats sommeillent! Ou réprimez l'audace des impies ; ou effacez les articles 5 et 6 de la Charte, qui sont désormais vains et illusoires. Invoqueriez-vous la tolérance ? qu'on l'accorde à tous les cultes chrétiens, à la bonne heure. Mais poussera-t-on l'impudence jusqu'à ranger dans cette catégorie la rage philosophique qui travaille à anéantir tous les cultes ; et sous l'ombre de les tolérer tous, livrera-t-on vingt-neuf millions de chrétiens à l'intolérant prosélytisme des fanatiques et sanguinaires apôtres de l'incrédulité ? Il y eut un pays, où le sophiste qui manifesta le premier un simple doute sur l'existence de la divinité, fut condamné sur-le-champ à un bannissement perpétuel. Tous ceux qui avoient des exemplaires de son ouvrage, eurent ordre de les apporter au magistrat, qui les fit brûler sur la place publique. Dans ce même pays, un autre sophiste, qui peu après osa professer ouvertement l'athéisme, n'échappa au dernier supplice, qu'en prenant la fuite. On proposa trois mille livres de récompense à quiconque le tueroit, et le double, à celui qui le livreroit vivant ; et on fit graver ce décret sur une colonne de cuivre, afin d'effrayer à jamais les impies, ennemis déclarés du genre humain. Eh ! chez quelle peuplade sauvage, dans quelle contrée barbare, dans quel siècle d'ignorance traitoit-on ainsi les précurseurs de nos grands hommes ? Il n'y a que l'inquisition et l'église catholique qui puissent être capables d'un pareil fanatisme. J'en suis désolé pour la philosophie : ces scènes d'horreur eurent lieu à Athènes, cette république si polie, si éclairée, si jalouse de sa liberté, et dans les jours les plus brillans de sa gloire. Quelle leçon nous donne le paganisme ! il étoit réservé au royaume très-chrétien d'ériger des statues aux impies, et de consacrer, comme un droit de l'homme, celui de méconnoître et d'outrager l'auteur de la nature, de nier sa providence, d'anéantir le culte du vrai Dieu, et de persécuter ses adorateurs. Jusqu'à nos jours, tous les peuples, sans aucune exception, avoient regardé l'impiété comme le plus grand des crimes : tous les codes, sans exception, ont décerné des peines sévères contre les impies et les profanateurs des choses saintes. Je dis tous les codes, car ce n'en n'est pas un, que ce recueil monstreux, qui ne reconnoît point le crime de lèze-majesté divine, parce que le nom Dieu ne s'y trouve pas une seule fois, et que suivant la remarque profonde d'un de nos doctes avocats, *la loi n'est d'aucune religion en France.* Au reste, la Charte n'est point le code. La Charte reconnoît la *religion Catholique ;*

Apostolique et Romaine pour la religion de l'état. On peut donc être légalement et constitutionnellement catholique en France. D'où il suit que les catholiques ont droit de demander des lois expresses, qui garantissent leur état religieux, reconnu par la Charte. Il n'y a plus de protection, quand on laisse impunis tous les outrages contre les personnes et contre les choses. Il n'y a plus de liberté, ou il n'y a plus même de sûreté ; et telle est la déplorable situation des catholiques, qui attendent en vain depuis cinq ans, qu'on les fasse jouir du droit maintenu et sanctionné de nouveau par la Charte. Ils ne demandent pourtant rien d'extraordinaire, rien qui ne soit dans la nature des choses, et fondé sur le texte précis, et sur l'esprit de la Charte, en sollicitant une protection spéciale pour leur religion. N'est-elle pas la religion de l'état ? la Maison royale et l'immense majorité des français la professent ; ils l'honorent et veulent la conserver pour eux et pour leur descendans. Cette religion, qui place dans le ciel l'origine de la puissance publique, est plus propre qu'aucune autre à maintenir l'ordre établi, à assurer la succession des Princes légitimes, et par conséquent à

entretenir

entretenir la paix et la prospérité des em-
pires. Fondée sur l'unité, et ennemie
déclarée de toute innovation, n'est-ce pas
elle qui conserva parmi nous l'unité monar-
chique, au millieu des troubles du seizième
siècle ? et nous avons vu quels efforts elle
a fait de nos jours pour la conserver sous
Louis XVI. Cette protection spéciale, qui
lui est due à tant de titres, les communions
dissidentes, bien loin d'en être jalouses
et de s'en trouver offensées, ont au contraire le plus grand intérêt à ce qu'elle
l'obtienne. Malgré les préjugés qui les
en tiennent encore éloignées, elles ne peuvent pas se dissimuler qu'elles ont pris
naissance dans son sein : qu'elles en ont
reçu toutes les vérités qu'elles enseignent,
et qu'elles n'existent que par elle. Si, par
impossible, l'église catholique venoit à
disparoître de dessus la terre, elles dispa-
roîtroient le même jour. Les ennemis qui
nous combattent ne songent guère à substi-
tuer les réformes de Luther et de Calvin
qu'ils méprisent, à l'église catholique qu'ils
abhorent. S'ils se déchaînent de préférence
contre elle, c'est qu'ils savent bien qu'elle
est le fondement et la colonne de la vérité,
et que sa chûte entraîneroit tout le chris-

tianisme dans sa ruine. Ainsi, tant que la société mère sera efficacement protégée, les sociétés particulières seront préservées elles-mêmes du sort qu'on leur prépare, et le christianisme continuera à répandre sa lumière et ses bienfaits parmi nous. Outrager la religion de l'état, c'est donc outrager en même-temps la religion de tous les français, dans les dogmes essentiels et fondamentaux, qui sont communs à toutes les communions chrétiennes; de plus, c'est violer la Charte, qui leur promet à toutes liberté, sûreté et protection. Ne voulez-vous point traiter les philosophes modernes comme des blasphémateurs et des impies, reprimez-les du moins comme infracteurs de la Charte, et faites par zèle pour la loi des hommes, ce que, dans votre haute sagesse, vous ne croyez pas pouvoir faire pour la loi de Dieu.

La religion est la seule institutrice des bonnes mœurs, et leur plus sûre gardienne; comme les bonnes mœurs conservent et font fleurir la religion. La philosophie, pour ne pas manquer son coup, les attaque et les corrompt toutes les deux à la fois. Elle a soin d'étaler des peintures licencieuses, au milieu de ses paradoxes impies ; et elle sème dans les romans et les poésies obscènes des maximes d'impiété. Elle a poussé l'impudence jusqu'à les répandre dans la géographie, l'histoire naturelle et politique. Il y a fort peu d'ouvrages modernes, en aucun genre, qu'on puisse, sans danger, mettre entre les mains de la jeunesse. Voyez avec quelle ardeur les adeptes compilent des abrégés à son usage, afin de lui insinuer avec les élémens des siences, l'amour du vice et la haîne de la religion.

La manie de la lecture a gagné les dernières classes du peuple ; et pour la satisfaire, on ne s'en repose point sur la malheureuse fécondité des libellistes et des romanciers français et étrangers. Depuis deux ans, surtout, on réimprime, dans tous les formats, les ouvrages des plus fameux impies du dernier siècle, ceux même dont le cynisme révolte les incrédules bien élevés. On remet en lumière toutes les conceptions ténébreuses de l'athéisme et du libertinage ; on réchauffe, on étale sans pudeur les immondices de notre littérature : et on appelle cela ériger un monument éternel à la gloire de la France, et de l'esprit humain. De cupides marchands de papier, qui déshonorent la noble profession de libraire, font de la dépravation générale une spéculation de fortune ; et dans leur infernale émulation, c'est à qui multipliera davantage les poisons de l'âme, et en rendra la circulation plus facile en les vendant au rabais.

Un philosophe, le président Dupaty, en parlant de certaines contrées de l'Italie, disoit fort sensément : comment avoir des mœurs et des statues ? On dira avec encore plus de vérité : comment avoir des mœurs et de mauvais livres ? Et nous aussi, grâce à la révolution, nous avons des statues. Heureusement que Paris a seul jusqu'ici ce beau privilége. A Paris même, des parens vertueux et attentifs, peuvent absolument préserver long-temps l'innocence de leurs familles de ces chef-d'œuvres de scandale. Mais quels soins, quelles précautions peuvent empêcher que les mauvais livres ne pénètrent dans leurs maisons ? Tout le royaume en est couvert ; la presse ne cesse d'en accroître le nombre déjà prodigieux ; et cette plaie nous retrace celle dont l'Egypte fut frappée (1).

____

(1) Un journal très-renommé par ses idées libérales, et chaud partisan de la liberté de la presse, n'a pu s'empêcher de remarquer l'année dernière : « qu'il se-

Pendant que j'étois à l'université de Paris, on ne connoissoit dans cette grande ville qu'un seul loueur de livres. Afin de sauver les apparences, car il est impossible que la police en fût dupe, il avoit un catalogue ostensible et approuvé par elle. On se doute bien que ce n'étoit pas dans celui-là que les libertins faisoient leur choix. Ce misérable louoit, à très-bas prix, aux étudians les livres défendus, rares alors et fort chers, qu'aucun libraire honnête de Paris, pas même les *bouquinistes*, n'auroient jamais vendu aux jeunes gens. Par ce moyen, vraisemblablement imaginé à l'hôtel d'Holbach, les ouvrages les plus infâmes péné-

---

» roit à désirer que les turpitudes des Latins fussent
» aussi étrangères à la jeunesse que celles des Grecs.
» Quel malheur, dit-il, que tant de poisons puissent
» tomber si souvent entre ses mains! Que d'imprudences
» se commettent dans l'éducation! De *quoi n'est pas*
» *responsable au monde l'écrivain* qui publie un livre
» immoral ? La presse propage, éternise le vice. On
» ne sauroit calculer tout ce qu'un livre comme *Candide*
» et le *Compère Matthieu*, ou les nombreux ouvrages
» de tel autre romancier vivant, peuvent faire de
» filous et de bandits parmi la jeunesse, qui les trouve
» partout répandus et suffisamment tolérés par la mo-
» rale du jour. Supposons seulement que Voltaire eût
» eu des enfans, et qu'il les eût trouvés s'esseyant à la
» lecture dans *Candide* et *la Pucelle*...... Qu'est-ce à
» dire de plus ? »

Archiv. philos. et polit. n°. XI. Mai 1818.

troient dans l'université, et allumoient les féroces passions des Camille Desmoulins, des Robespierre et de tous leurs pareils. Cet horrible trafic, que l'ancienne police n'osoit avouer, est aujourd'hui public et autorisé. Il n'y a point de petite ville, presque pas de bourgade où l'on ne trouve de ces entrepôts de corruption. Là les jeunes gens des deux sexes, les domestiques, les manœuvres, achètent pour deux sols, les lumières de l'impiété et tous les secrets de la débauche.

On peut, sans être accusé de prévention, attribuer, en très-grande partie, aux nouvelles éditions, l'immoralité qui s'est si fort accrue depuis peu, et dont on ne trouve point d'autre cause. Dans le tableau des enfans trouvés, mis dernièrement sous les yeux du Roi, on voit que le nombre de ces malheureux fruits du libertinage, qui en 1815 étoit de 84,000, a monté progressivement d'année en année, savoir : en 1816 à 87,000 ; en 1817 à 92,000 ; et en 1818 à 97,000. Il n'étoit que de 40,000 en 1784. On remarque la même progression dans toutes sortes de crimes : le nombre s'en accroît de jour en jour dans nos campagnes, qui, dans quelques provinces, sont

aussi dépravées que les villes. Nos gazettes
ne nous entretiennent que de vols, d'incen-
dies, d'assassinats, d'empoisonnemens, de
suicides. Il n'y en a presque pas une seule
où l'on ne voie des époux machinant la
mort l'un de l'autre, des pères égorgeant
leurs enfans, des enfans massacrant ou em-
poisonnant leurs pères. Voilà le vrai ther-
momètre de notre civilisation et du progrès
de nos lumières (1). Les journalistes riva-

---

(1) Il résulte d'un état comparatif, publié récemment
par M. le ministre de l'intérieur, que durant l'année
1818 il s'est commis, en Angleterre, beaucoup plus de
crimes qu'en France, quoique sa population soit à peu-
près d'un tiers moins forte que la nôtre. On ne devine
pas aisément quelle induction on veut que nous en tirions.
Si l'Angleterre étoit catholique ; si elle n'avoit ni la liberté de la presse ni le jury ; en un mot si, au lieu d'avoir
un gouvernement représentatif, elle gémissoit sous le
double despotisme d'une religion exclusive et d'une monarchie absolue, je concevrois pourquoi on nous offre
ce parallèle qui seroit propre à nous faire croire à la su-
périorité du système établi chez nous. N'est-il pas fait,
au contraire, pour nous allarmer, lorsqu'on réfléchit
qu'un pays, dont la prospérité est si vantée, les richesses
immenses et le commerce si florissant, qu'un pays qui
jouit, dans la plus grande étendue, de toutes les fran-
chises constitutionnelles, où il y a mille sectes reli-
gieuses, et deux partis politiques toujours aux prises ;
que ce pays, dis-je, abonde en crimes, et que le nombre
des coupables soit si grand que le gouvernement se voit
obligé à commuer les peines capitales prononcées par la
loi. Est-ce donc là une perspective bien rassurante à nous
offrir ? Et quel droit a-t-on de nous promettre un meilleur
avenir, quand nous voyons de nos yeux ce qui se passe

lisent d'empressement à publier ces affreux événemens. Est-ce pour nourrir l'orgueil national et le justifier aux yeux de l'Europe? Tant d'horreurs, qui doivent nous faire rougir d'être français, et dont, avant la révolution, on trouvoit à peine un exemple dans le cours d'un demi-siècle : le dirai-je? on y est si accoutumé qu'on les lit de sang-froid, et qu'elles ne font presque plus d'impression. Que deviendra donc la France, lorsque la méthode Lancastrienne aura encore rendu la lecture plus populaire, et que la profusion toujours croissante des mauvais livres aura rendu la populace encore plus dépravée et plus audacieuse? A cet affreux tableau, ajoutez le spectacle que présentent les maisons d'éducation. En moins de quinze jours, deux révoltes ont éclaté au collége de Louis-le-Grand, où, si ce que la renommée publie est vrai, d'horribles blasphêmes étoient le cri de ralliement des mutins.

---

chez nos voisins, dont le gouvernement nous est sans cesse présenté comme le beau idéal et le *nec plus ultrà* de la sagesse et de la politique. La véritable cause de l'immoralité de l'Angleterre est le dépérissement total de la religion, et la liberté anarchique qui y favorise toutes les doctrines corruptrices. Profitons de son exemple, au lieu d'en servir nous-mêmes, à nos dépens, aux autres nations.

Ajoutez des révoltes semblables dans les colléges de la Flèche, de Nantes, de Limoges, de Caen; et la circulaire des élèves de Louis-le-Grand à tous les colléges du royaume, pour les soulever. Dignes fruits d'une éducation libérale! heureux essais d'indépendance, qui promettent aux factieux des recrues nombreuses et tout aguerries. Nos écoliers, déjà affermis dans les bons principes, sont passés maîtres en insurrection. Quelle université, qui forme ainsi des impies et des conspirateurs! Est-ce bien là l'université des Hersan et des Rollin! Reconnoissez-vous cette mère des sciences et des vertus? D'exécrables libelles, égoût infect de toutes les erreurs du dix-huitième siècle, sont les livres classiques, où l'élite de la jeunesse du royaume, l'espérance de l'état, étudie ses devoirs, et se forme aux premiers emplois de la société. Les chefs, avec leurs dénégations hautaines, ne peuvent échapper au reproche d'une connivence formelle, qu'en avouant une négligence tout aussi coupable. Quand cette étrange université aura été réformée, suivant le vœu de la France; quand on aura éloigné de l'enseignement tous les maîtres et sous-maîtres, justement suspects dans leurs mœurs et leur doctrine, on n'aura pas encore fait assez pour la jeunesse, si la presse continue à reproduire, et si de coupables libraires continuent à vendre impunément les mauvais livres. Les préceptes et les exemples des maîtres les mieux choisis seroient promptement étouffés par cette ivraie. Nous voyons le mal de nos yeux, nous le touchons de la main ; sa cause immédiate nous est connue à tous ; et c'est encore un problême, si le gouvernement doit, s'il peut même y apporter remède. Il n'est pourtant pas nécessaire d'être homme d'état, ni de se livrer à des méditations profondes pour résoudre ce prétendu problême : il suffit d'avoir du bon sens et d'aimer sincèrement sa patrie. Vous m'objectez qu'il n'y a point de gouvernement représentatif sans liberté de la presse : soit ; mais expliquez-vous. Cette liberté est-elle illimitée ? dans ce cas vous pouvez attaquer le gouvernement représentatif lui-même et toutes ses institutions. Vous pouvez déchirer la Charte et la livrer à la risée publique : vous pouvez également attaquer toutes les prérogatives de la couronne et contester au Roi tous ses droits. Oserez-vous pousser jusque-là la liberté de la presse ? Non sans doute. Elle n'est donc pas illimitée. Cela me suffit. Car, puisque l'ordre civil et politique exige qu'elle ait des bornes, il s'ensuit que l'ordre moral et religieux lui en prescrit au moins de semblables ; le premier ne pouvant subsister, si l'autre, qui lui sert de base et d'appui, vient à s'écrouler. Par-là il devient facile de connoître et de déterminer avec précision, *en quoi consiste la liberté de la presse dans un gouvernement représentatif ;* c'est uniquement la faculté, donnée à tous les citoyens, de publier, d'imprimer et de discuter, à tort et à travers, toutes les questions soumises à la délibération des Chambres : *cette liberté peut s'étendre* à tous les objets qui ont rapport aux affaires publiques, aux droits civils et politiques des citoyens ; en respectant toutefois la majesté royale et la Charte. Telles sont les limites justes et naturelles de la liberté de la presse dans le système constitutionnel : *Quos ultrà citràque nescit consistere rectum.* S'obstinera-t-on à m'objecter encore cette éternelle Angleterre, où l'on va recueillir si religieusement les vices et les abus, dont elle gémit, et qui la perdront peut-être ; et que l'on prétend nous imposer, comme des

règles infaillibles et des lois sacrées. J'oppo-
serai à cet exemple, et à tous les sophismes
que l'on nous a débités ; deux principes que
je défie les partisans les plus déterminés de
la liberté de la presse de contester; et contre
lesquels l'Angleterre, et tous les gouvernemens représentatifs nés et à naître, ne pres-
criront jamais. L'un, est que nulle puissance
sur la terre ne peut, sans crime, attenter
ni permettre qu'on attente au droit naturel
et divin. L'autre, que tout gouvernement
est institué pour rendre les peuples heureux,
en les rendant meilleurs. Or, les nouvelles
doctrines, que, par une singularité inexpli-
cable, on répand avec plus de fureur, depuis
la restauration, en détruisant la religion reve-
lée, sappent la religion naturelle elle-même.
Elles conduisent le peuple à un athéisme pratique, non moins funeste dans ses résultats,
que l'athéisme raisonné des incrédules spécu-
latifs. Il est constant, et nos adversaires en
font trophée, que c'est la liberté de la presse
qui répand, propage, entretient cette épidé-
mie morale, qui a déjà fait de si étonnans
progrès, depuis nos maisons d'éducation jus-
que dans nos chaumières. Dans peu d'années
elle aura infecté tous les membres de la société. Les faits sont évidens : les principes

que j'ai posés ne le sont pas moins : la conséquence, qui en découle, est incontestable comme eux. Et cette conséquence est que tout gouvernement, et à plus forte raison, un gouvernement chrétien et catholique, est obligé de réprimer l'impiété, qui dogmatise, et de briser dans sa main l'instrument fatal dont elle se sert, avec trop de succès, pour attaquer le droit naturel et divin, et anéantir tous les principes conservateurs de l'harmonie publique et de l'ordre social. Tout gouvernement, infidèle à ce devoir sacré, trame lui-même sa propre perte, avec celle de l'état. Il se rend responsable devant Dieu, et au tribunal de ses contemporains et de la postérité, de tous les crimes et de toutes les calamités, que son déplorable aveuglement, doit tôt ou tard attirer sur la nation.

‹ Je suis vraiment humilié, de ce qu'on profane indignement le nom de la Charte, et de ce qu'on invoque son autorité, pour perpétuer un désordre de cette nature. Ses ennemis ne pouvoient point imaginer d'artifice plus perfide pour la rendre odieuse et la renverser.

La Charte n'a voulu, elle ne peut vouloir que ce qui est propre à l'affermir et à la faire aimer des gens sensés et vertueux ; de tous les amis de l'ordre et de la tranquillité. Elle ne veut donc évidemment que ce qui est juste, bon et raisonnable. Elle ne veut que ce qui est conforme aux vrais principes de la religion de l'état, qu'elle reconnoît et qu'elle s'engage à protéger ; conforme, en un mot, aux premiers besoins comme aux véritables intérêts de la France. Le caractère personnel du Roi nous en seroit une caution suffisante, quand même le texte formel de la Charte, et, ce qui est bien plus fort que toutes les lois émanées de l'homme, la loi éternelle et la nature des choses, ne borneroient pas la liberté des opinions à ce qui est purement de leur domaine, dans le systême constitutionnel ; je veux dire les actes du ministère et les affaires publiques. L'expérience apprendra un jour ce qu'un peuple vif, inquiet, passionné, encore ému d'une tourmente de trente années, gagne à ces sortes de controverses. Je respecte l'ordre existant ; et je me borne à dire que la religion, la morale, la société, ne sont point à la discrétion des princes, pour en disposer à leur gré, et suivant des théories philosophiques. Maîtres et chefs des na-

tions , protecteurs nés , défenseurs perpé-
tuels de l'ordre social , ils ont reçu d'en-
haut le pouvoir suprême et le droit du
glaive pour le défendre envers et contre
tous : pour enchaîner , réprimer et punir
tous ses ennemis , soit qu'ils l'attaquent à
force ouverte , soit qu'ils en minent à petit
bruit les fondemens , par des doctrines
immorales et anarchiques. Nous le voyons ;
ces fatales doctrines ont rallumé parmi nous
toutes les passions furieuses qui firent périr
la monarchie en 1789 , et que la présence
du Roi légitime sembloit devoir éteindre
pour jamais. La liberté de la presse leur
fournit sans cesse un nouvel aliment , et
leur donne une plus grande activité. Elle
renforce la rage des nouveaux sophistes de
tout ce que la rage forcénée de leurs de-
vanciers vomit jamais de blasphêmes , d'outrages , de calomnies , d'obscénités contre
la religion de nos pères , contre les bonnes
mœurs et contre nos rois. Et dans cette
terrible crise , le vrai français demande au
ciel et à la terre , s'il n'a été rendu un
jour au repos, que pour le perdre de nouveau , sans retour , au milieu des tempêtes ;
et si de leur sein va renaître la sanglante
liberté de 93 !

Ma foible voix ne pourra point pénétrer jusqu'au trône. Mais elle sera, j'espère, entendue des deux chambres. Je leur crierai : sauvez le Roi ; sauvez la France. Eclairez la religion du Roi, qu'on a surprise. Montrez-lui la vérité qu'on lui cache. Organes privilégiés de la nation, témoins des dangers qui l'environnent, et qui lui en présagent de plus grands encore, apprenez au Roi l'énorme abus que l'on fait de la Charte, pour pervertir, dégrader, diviser et perdre son peuple. Lui-même vous y a invités, au commencement de la session actuelle, en réclamant votre concours pour arrêter *les principes pernicieux qui, sous le masque de la liberté, conduisent par l'anarchie au pouvoir absolu, et dont le funeste succès a coûté au monde tant de sang et de larmes !*

On chercheroit en vain à se le dissimuler ; la liberté de la presse a réveillé, elle anime, elle excite ; et, comme il y a trente ans, elle déchaînera infailliblement cette autre liberté, signalée par le Roi, qui ne respire que dévastations et carnage. Empêchez celle-ci de renaître, en ôtant à l'autre le moyen trop puissant de l'enhardir, de lui faire des partisans, et d'assurer son désastreux

treux triomphe. Pairs du royaume, Députés des provinces, rappelez-vous vos devoirs et vos sermens. Est-ce au matériel de la législation et aux besoins physiques du peuple que vous borneriez la mission sacrée que vous avez reçue ? Vous croiriez-vous quittes envers le Roi, qui vous a mis en partage de son autorité ; envers la nation qui vous honore de sa confiance, en discutant un budget et des lois fiscales, et détournant froidement vos regards de la plaie qui ronge le cœur de l'état ? Montesquieu reproche aux politiques modernes de faire consister la prospérité d'un empire dans les richesses et le luxe qui les corrompent. Faites voir que vous connoissez mieux le prix de la vertu et le vrai secret de la félicité publique. Un peuple n'est grand, il n'est heureux et invincible que par ses mœurs. Réunissez donc tous vos efforts à ceux du Monarque, pour en sauver les misérables restes, et en reconstruire l'édifice sur la religion, seule base inébranlable de l'ordre social. Si, ce que je ne pense pas, vous pouviez oublier que vous êtes chrétiens et catholiques, ah ! du moins, souvenez-vous que vous êtes français et pères de famille. Pouvez-vous, sans frémir, voir les dangers qui menacent la France ? pouvez-vous, sans frémir, contempler les sinistres présages qui annoncent la génération qui s'élève ? Voudrez-vous revivre dans des enfans sans foi, sans principes et sans mœurs, qui n'hériteroient de votre nom que pour le déshonorer, et qui seroient le fléau de notre patrie ? *Jam proximus ardet Ucalegon.* La licence de tout imprimer est le prélude certain de la licence de tout faire. Les mauvais livres sont la semence féconde des mauvaises actions. Qu'une loi sévère oppose une digue insurmontable à ce redoutable fléau. Que l'art de multiplier la pensée ne soit plus l'art de dépraver les cœurs. Frappez des mêmes peines et les écrivains audacieux et les criminels débitans de leurs pernicieux ouvrages. On ne croit point la liberté constitutionnelle incompatible avec des lois rigoureuses sur les douanes, la culture du tabac et les boissons. Une armée de commis est répandue sur les frontières et dans l'intérieur du royaume, pour faire exécuter des lois prohibitives. La contrebande des mauvais livres est-elle donc plus difficile à empêcher, que la contrebande des mousselines ? l'intérêt du fisc plus cher que l'in-

térêt de la morale et du bon ordre? l'intro-
duction furtive de quelques marchandises
étrangères, plus dommageable à la société
que le commerce public et la libre circulation des feuilles empoisonnées et des doctrines anti-sociales? Ce que la liberté souffre,
ce qu'elle autorise même pour assurer les re-
venus de l'état, soutiendra-t-on qu'elle ne
le peut pas, pour conserver l'innocence des
mœurs et l'empire de la religion? Ah! faites
cesser promptement ce scandaleux désordre,
opprobre éternel de notre siècle. Que votre
session se recommande à l'amour et à la
reconnoissance des gens de bien, en lais-
sant un monument durable de votre pré-
voyante sagesse. Si, ce qu'à Dieu ne plaise,
nos plaintes étoient rejetées, et le vœu de
la France encore déçu, il ne nous resteroit
plus qu'à calculer l'époque plus ou moins
prochaine d'une nouvelle catastrophe. Les
apôtres de la liberté de la presse l'appellent
à grands cris; ils nous l'annoncent avec
une joie féroce. Ils cherchent à nous inti-
mider par leurs menaces, et nous regardent
déjà comme leur proie assurée. Le danger
de l'état, plus que nos dangers personnels,
nous engagent à réclamer une loi long-
temps attendue et nécessaire ; une loi tu-

télaire de la religion et de la Charte elle-
même. Si vous différez encore, le mal sera
peut-être sans remède : peut-être serez-
vous bientôt réduits à faire entendre, au
milieu de nouvelles ruines, l'expression
lamentable de vos tardifs et inutiles regrets.

Et si fata Deum, si mens non læva fuisset,
Trojaque nunc stares, Priamique arx alta
maneres !

5 Mars 1819.

A FALAISE, de l'Imprimerie de BRÉE l'aîné, Impr. du Roi.

9 782011 783103